Ich achte auf Ereignisse
und solche Einzelheiten,
die ungewöhnlich sind –
die scheinbar zufällig sind.

W0461940

Das Leben steckt voller
Hinweise, die mich
weiterführen. Wenn ich
auf das achte,
was „ungewöhnlich“ ist,
dann öffne ich mich für
den Zauber des Lebens.

Das größte Geheimnis,
um Geld zu bekommen
und erfolgreich zu sein,
besteht darin, anderen
Menschen zu helfen, Geld
zu verdienen und Erfolg
zu haben.

Ich helfe anderen Menschen, Geld zu verdienen.

Wenn ich Philanthropie
übe, echte Wohltätigkeit,
dann kann ich Menschen
helfen, indem ich sie
ermutige, selbständig
zu sein, sowie wacher
und kreativer.

Heute praktiziere ich echte Wohltätigkeit.

Ich schütze mein Innenleben
von den Meinungen anderer Leute.

Um Glück in meinem Leben zu manifestieren, ist es oft am besten, wenn ich über meine innersten Träume und Absichten schweige. Ich lasse meine Visionen sich einfach und ganz natürlich entfalten.

Meine Wünsche können meine Wirklichkeit erschaffen.

Aufgrund von Wünschen
und absichtsvollem
Trachten kann das, was
noch nicht manifestiert
ist, Wirklichkeit werden.

Ich öffne mich für Gott.

Ich richte
meine Absichten und
Handlungen auf die Welt,
um meine Träume und
Hoffnungen zu mani-
festieren – und dann lasse
ich los.

Mein innerer Dialog spiegelt die Kraft, die ich ausstrahle.

Wie ich mich der Welt
präsentiere und mich in
ihr bewege, ist ein Spiegel
meiner Selbstgespräche.

Mein Schicksal ist flexibel.

Ich kann mein Schicksal bestimmen, indem ich mich in jedem Augenblick des Tages für die Freiheit entscheide.

Ich bin geduldig.

Wenn ich geduldig bin,
dann kann ich eine
Absicht aufrecht erhalten,
bis sie verwirklicht ist.

Meine Absicht und meine Ausrichtung sind klar.

Um Erfolg und Geld
in meinem Leben
zu kreieren, müssen
meine Absicht und meine
Ausrichtung klar sein.
Dann kann ich es dem
Universum überlassen,
sich um die Einzelheiten
zu kümmern.

Ich arbeite
ständig auf meine Ziele hin,
und ich nutze
jede Gelegenheit.

Wenn ich die Möglichkeiten, wie sich etwas ergeben kann, auf vielfältige Weise erwarte und kreiere, dann erhöhe ich die Wahrscheinlichkeit, dass es tatsächlich geschieht.

Ich weigere mich,
mir selbst zu erlauben,
Zweifeln nachzugeben.

Zweifel ist ein Gedanke,
der sich der
Verwirklichung von
Wünschen in den Weg
stellt. Ich gestatte ihm
nicht, zum Regisseur
meines Lebens zu werden.

Ich lasse Armut hinter mir.

Armut ist die Unfähigkeit,
mein wahres „Ich“ jenseits
von Konditionierungen
zu erkennen. Das wahre
Ich ist die Quelle von
Energie und Intelligenz,
die jeden Traum und
jeden Wunsch erfüllen
kann, die ich habe.

Geld an sich ist nicht die Wurzel allen Übels.

Ich erkenne den Wert
von Geld, wenn ich lerne,
echten Reichtum nicht
mit den Symbolen von
Reichtum zu verwechseln.

Ich bin frei,
gleich
welche Herausforderung von mir liegt.

Wenn ich frei von Angst bin, kann ich im Leben vorwärts gehen und bleibe immun gegenüber dem, was die Leute über mich denken oder sagen.

Liebe Freunde,

die Absicht der Erfolgskarten ist es, Ihnen Einsicht und Weisheit nahe zu bringen und Sie auf Ihrer spirituellen Reise zu ermutigen. Wenn Sie mit den Karten arbeiten, werden Sie das Gesetz des geringsten Widerstands praktizieren und das Gesetz der klaren Absicht. Das Gesetz des geringsten Widerstands verlangt nur, dass Sie die Karten mischen und irgendeine Karte ziehen. Das Gesetz der klaren Absicht lädt Sie dazu ein, sich auf die Aussage der Karte zu konzentrieren und zu spüren, was sie mit Ihrem Leben zu tun hat. Lassen Sie uns die wunderbare Reise in die Welt des unbegrenzten Potenzials beginnen!

– In Liebe,
Deepak

© Jeremiah Sullivan

Dr. med. Deepak Chopra ist ein weltbekannter führender Experte einer ganzheitlichen Sicht von Mensch und Medizin. Er ist der Autor von mehr als 40 Büchern, die in Dutzende von Sprachen übersetzt wurden. Das US-amerikanische Magazin *Time* hat ihn als den „Dichter-Propheten der Alternativmedizin“ bezeichnet. Er ist der Gründer des Chopra-Zentrums in Carlsbad, Kalifornien. Webseiten: www.chopra.com und www.intentblog.com

Die Originalausgabe erschien 2006
unter dem Titel SUCCESS CARDS
im Verlag Hay House, Inc., Carlsbad, CA, USA

Allegria ist ein Verlag der Ullstein Buchverlage GmbH
Herausgeber: Michael Görden
ISBN: 978-3-7934-2130-6

© der deutschen Ausgabe 2007
by Ullstein Buchverlage GmbH, Berlin
© der Originalausgabe 2006 by Deepak Chopra
Übersetzung: Wulfing von Rohr
Umschlaggestaltung: FranklDesign, München
Titelabbildung und Illustrationen: Diana Hocking
Gesetzt: te•ha
Druck und Bindearbeiten: bookPlus International Ltd., Hong Kong
Printed in China

Ich gehe auf das Leben voller Wachheit und mit einem offenen Herzen zu.

Wenn ich aufmerksam
und offen dem Leben
gegenüber bin, dann lasse
ich in jedem Augenblick
ein neues Verstehen zu.
Ich ziehe Erfolg an.

Mein Geld stützt das Netzwerk des Lebens.

Wenn ich mein Geld
einsetze, um das Gewebe
des Lebens zu fördern,
dann erschaffe ich echte
Freude, wahres
Glücklichsein
und Erfüllung.
Ich bin erfolgreich.

Meine Absicht ist klar.

Wenn meine Absicht klar
und zielgerichtet ist,
können meine Wünsche
Erfüllung finden.

Ich erkenne,
dass Spirit die Quelle
unendlicher Fülle ist.

Ich überwinde Mangel
und komme in
Verbindung mit der
Quelle unbegrenzter Fülle
und ungebundenen
Wohlstands.

Mein Leben ist voller Möglichkeiten.

Ich weiß, dass ich alles
manifestieren kann,
was ich mir in meinem
Leben wünsche, wenn ich
erkenne, dass das ganze
Leben ständig voller
Möglichkeiten ist.

Ich löse mich vom Ergebnis.

Nachdem ich meine Absicht konzentriert habe, löse ich mich vom Ergebnis und lasse die Fortuna ihre Arbeit selbst erledigen.

Meine Absichten begeistern mich.

Wenn meine Absichten
ganzheitlich sind, werde
ich inspiriert (in Kontakt
mit Spirit) und ich werde
begeistert (in Berührung
mit dem göttlichen Geist).
Ich bin erfolgreich.

Ich erkenne meine einzigartigen Talente und bringe sie zum Ausdruck.

Ich habe einzigartige Talente, die meinen eigenen Bedürfnissen dienen und denen meiner Familie und der Gesellschaft, in der ich lebe, wenn ich diese Talente zum Ausdruck bringe.

Meditation kann mir helfen,
Erfolg zu erschaffen.

Meditation erlaubt mir, über den Verstand hinaus zu gehen und mit Spirit in Kontakt zu kommen. Ich lerne das „ganzheitliche Feld“ kennen, in welchem echter Erfolg auf allen Gebieten möglich ist – und das sofort und unmittelbar.

Nichts ist zufällig
oder reines Glück.

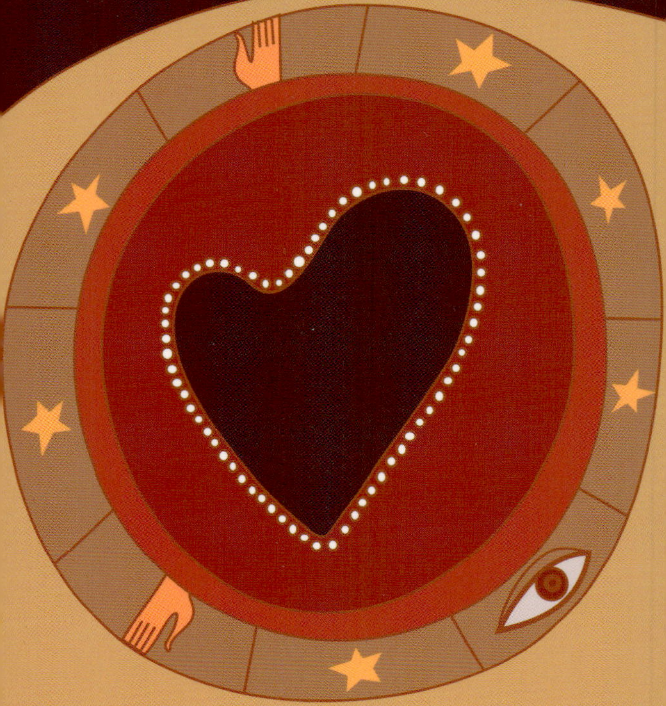

Mein Leben ist voll
von Hinweisen, die meine
innere Wirklichkeit
mit den äußeren Welten
verknüpfen.

Ich kann mein gesamtes Leben vewandeln

Das Universum ist ein zusammenhängendes Gewebe, innerhalb dessen ich mein Schicksal entwerfen und erschaffen kann.

Meine Visionen erschaffen meine Welt.

Ich erkenne meine
Fähigkeit, das Unsichtbare
sichtbar werden zu lassen
und das noch nicht
Manifestierte
zu verwirklichen.

Das Glück steht mir bei!

Glück kommt,
wenn sich eine gute
Gelegenheit ergibt
und ich dieser
vorbereitet begegne.

Ich verstehe,
was wahrer Reichtum ist.

Echter Reichtum ist ein
Zustand der Loslösung
(von Reichtum)
und Ungebundenheit,
als auch meine
Zuversicht, manifestieren
und kreieren zu können.

Ich liebe und ehre meine Kreativität.

Wenn ich meine
Kreativität in der Welt
zum Ausdruck bringe,
dann achte ich damit
meine eigenen
Bedürfnisse und diene
den Bedürfnissen
der Gesellschaft.

Ich erkenne echten Erfolg.

Echter Erfolg ist
die fortschreitende
Ausdehnung von Glück
und Glücklichsein.
Es ist die Fähigkeit,
spontane Freude auszu-
drücken und sie
mit anderen zu teilen.

Ich bin mir meines Egos bewusst.

Mein Ziel ist es nicht,
das Ego loszuwerden,
sondern mir einfach
bewusst zu sein,
wie und wohin
es mich führt.

Mein Leben hat Sinn
und folgt einer Bestimmung.

Jedes Leben,
das von Sinn und
Bestimmung durchdrungen wird, ist ein
erfolgreiches Leben.

Ich bin flexibel.

Ich erkenne, dass sich
das Universum ständig
verändert und dass es
am besten ist, darauf
einzugehen, indem
ich flexibel bleibe.

Ich konzentriere meine Absichten und Ziele.

Wenn ich meine Absichten
und Ziele sammle und
konzentriert ausrichte,
dann bin ich mir achtsam
dessen bewusst, was ich
in mein Leben bringe.

Ich fördere Dankbarkeit.

Wenn ich ausdrücklich
für das danke, was ich
in meinem Leben habe,
dann lerne ich, die Dinge
nicht für selbstver-
ständlich zu halten.

Ich mache aus meiner Arbeit meine Freizeit.

Ich weiß, dass ich mich selbst segne, wenn meine Arbeit zu einem Akt der Liebe und Hingabe wird. Jeder Tag ist dann ein Tag der Freude und der Freizeit.

Ich bin dankbar für Alles,
was ich in meinem Leben habe.

Ich spüre sofort die Fülle,
wenn ich Dankbarkeit
dafür zeige, was ich habe.

Ich stehe fest in meiner persönlichen Kraft.

Mit echter Macht,
die von Innen kommt,
gibt es nichts, was ich
nicht erreichen könnte.

Ich bin frei,
Erfolg in meinem Leben zu kreieren
– das ist ganz meine eigene
Entscheidung.

Frei zu sein heißt
zu wissen, dass ich meine
Aufmerksamkeit dorthin
richten kann, wo ich es
will, wann ich es will und
wie ich es will.

Ich bin in Verbindung mit meinem Spirit.

Wenn ich in Verbindung
mit meinem Spirit bin,
dann berühre ich
die Quelle ungehemmter
Fülle. Ich erkenne,
dass ich selbst voll
unendlicher Fülle bin.

Wenn ich meiner Fähigkeit vertraue, meine Wünsche zu manifestieren, dann spielt es keine Rolle, *wie* das geschieht und *wann* es passiert.

Ich vertraue meiner Fähigkeit,
meine Wünsche zu manifestieren.

Es liegt an mir,
dem Leben Sinn
zu verleihen. Ich erwarte
nicht, dass das andere
für mich tun.
Ich erschaffe meine
eigene Wirklichkeit.

Ich erkenne, dass ich es bin, der dem Leben Sinn verleiht.

Wenn ich die Macht
der Absicht erkenne,
kann ich sie darauf
konzentrieren, das Leben
zu erschaffen,
das ich möchte.

Ich habe die Absicht,
Glück in meinem Leben
zu kreieren.

Ich bleibe aufmerksam
und wach im Leben.

Wenn ich wach
und aufmerksam
im Leben bin,
erkenne ich gute
Gelegenheiten
und handle
entsprechend.

Das Universum konspiriert,
um alle meine Absichten
zu erfüllen.

Wenn sich alle Faktoren
und Kräfte des
Universums zusammen-
tun, um meine Absichten
zu erfüllen, wird deren
sofortige Verwirklichung
möglich.

Ich lerne,
eine „spirituelle“ Beziehung
zu Geld aufzubauen.

Während ich mich spirituell entwickle (also mein Bewusstsein erweitere), entwickle ich die Fähigkeit, mehr Geld zu kreieren; zugleich klammere ich mich aber nicht daran.

Meine Sicht des Lebens ist unbegrenzt.

Wenn ich mich weigere,
meinen Blick auf das
Leben zu begrenzen
und auf das, was
passieren *könnte*,
dann öffne ich mich für
das, was geschehen *kann*.

Ich vermeide, andere Menschen moralisch zu beurteilen.

Ich bin mir darüber im Klaren, dass moralische Selbstgerechtigkeit ein Hindernis dafür ist, Erfolg und Geld zu erschaffen.

Ich befreie mich von der derzeitigen karmischen Prägung.

Um bei meiner Arbeit
erfolgreich zu sein,
muss ich jede noch
bestehende karmische
Prägung lösen, die erklärt:
„Das schaffe ich nicht."
Doch, ich kann es!